Publications mensuelles de *L'Idée Libre*. — Brochure n° 51

Me Jacques BONZON

L'Internationale Financière

I

L'EUROPE

75 Centimes

Éditions de l'IDÉE LIBRE

(A. Lorulot, à Conflans-Honorine, Seine et Oise)

1922

L'Internationale Financière

I

L'EUROPE

❖ ❖ ❖

CONFÉRENCE

donnée par Me Jacques **BONZON**

Le 28 Janvier 1922, *à la MAISON COMMUNE*

sous les auspices de " La Critique Politique et Financière ".

La conférence dont le texte va suivre fut annoncée par cette
invitation :

Samedi 28 Janvier, à 20 h. 30

Salle de la Maison Commune,
49 rue de Bretagne, (métro Temple)

CONFÉRENCE

Par M· Jacques BONZON

❖ ❖ ❖

SUJET DE LA CONFÉRENCE :

L'Internationale Financière

I

L'Europe

Poursuivant et développant les thèmes qu'il a déjà précisés dans ses conférences à son *Club*, ainsi que dans sa Revue *L'Activité Française et Etrangère* et dans ses premiers *Essais de Politique Financière*, Mᵉ Jacques Bonzon montrera cette fois les multiples liens de la Finance Française avec la Finance Européenne.

Principales divisions du sujet :

La Politique Financière intéresse directement les Travailleurs. Elle devrait préoccuper, bien plus que les partis bourgeois, les diverses fractions du socialisme, et même les groupements des milieux individualistes. Deux exemples: Si l'argent français restait en France, la loi de huit heures s'appliquerait aisément par la réfection et le développement de l'outillage. Si l'argent français restait en France, le Capitalisme n'exposerait pas sans cesse la Démocratie à des guerres nées des Emprunts étrangers. Le blocus de la Russie et les milliards prêtés par la France au Tzarisme.

La Finance étrangère à Paris. — Les Rothschild et leurs acolytes européens. M. Lloyd George et Sir Philip Sassoon. — L'héritage du baron de Nucingen: De la Russie aux Nouvelles-Hébrides. — Les épaves du Tzarisme: Leurs Excellences Kokotsov, Sazonoff, M. Alexis Poutiloff. — Les amis de l'Allemagne « Le Crédit Commercial » et ses Helvètes. — M. Edgard Stern, ses dix-neuf sociétés, et son collègue Herr Urbig. — L'Académie Française et les Zincs de Silésie. — Les amis de la Hongrie. Le Creusot, les Schneider et l'« Union Européenne ».

Le type du métèque de Finance : Sir Basil Zaharoff.

Contradiction admise.

En 1909, au cours d'un débat de politique financière, Jaurès prononçait les paroles suivantes :

« Dans tous les pays, l'excédent de l'épargne est consacré d'abord à l'amélioration de l'outillage national et c'est seulement dans la mesure où ce besoin est satisfait que les capitaux s'emploient à l'étranger. Dans tous les pays, on commence d'abord par construire des chemins de fer, des canaux, des ports de mer sur son propre territoire avant de créer ces moyens de communication chez ses concurrents.

« La France est un pays unique : la France est le seul pays où les capitaux sont employés systématiquement d'une manière antinationale. Tandis que nos chemins de fer sont insuffisants, que nos canaux n'existent pas, que nos ports de mer sont incapables de recevoir de grands bateaux, que nos usines travaillent avec un matériel vieilli, nos capitaux sont exportés par milliards en Russie, au Brésil, en Argentine, ou *servent à faire marcher l'industrie allemande...* Il y a là quelque chose de véritablement honteux, quelque chose de tellement stupéfiant qu'on ne comprend pas que cela puisse durer. »

Ces paroles du grand visionnaire vont inspirer la conférence où ce soir, à l'aimable appel d'André Lorulot, je résumerai des faits qui me semblent particulièrement graves pour les Travailleurs eux-mêmes.

*
* *

Matière de Finance, croit-on d'habitude, matière de Bourgeoisie. Ceux-là seuls y peuvent trouver intérêt qui sont en mesure de « financer ».

Erreur très lourde que de juger ainsi. La Finance pèse

sur le Prolétariat d'un poids sans cesse aggravé, qu'il devrait connaître pour devenir peut-être capable de l'alléger.   Je prends deux exemples, trois même, sous la pression des événements immédiats.

La fuite de l'argent français, vous venez d'entendre Jaurès la constater, et la blâmer. Ici des chiffres simples et rapides confirmeront la thèse du grand visionnaire. Je les puise dans une de mes études: *L'Etau. Le Livre d'Or des Politiciens de Finance.*

« La machine à comprimer la Démocratie avait devant elle, en France, aux approches de la Guerre, une fortune dont l'approximation mobilière représentait 108 à 115 milliards...

Comment cette fortune mobilière se trouvait-elle répartie? En quelles sortes de titres, français ou étrangers?

Allemagne: 500 millions; Autriche-Hongrie: 2 milliards et demi; Bulgarie: 700 millions; Turquie: 3 milliards 300 millions; Russie: 9 milliards.

Seize milliards. Voilà ce que la France a vu fuir de son capital chez ceux qu'elle aidait ainsi contre elle de son or, qu'ils allaient changer (ou moins quatre d'entre eux) en instruments du massacre des Français, du piétinement de la France. »

Mais beaucoup d'autres pays, dans les cinq parties du Globe, depuis l'Egypte jusqu'au Mexique, presque toutes les Nations avaient pompé l'épargne française, qu'elles avaient gavée de papiers multicolores. En fait, le tiers de la fortune financière de la France était représenté par des titres étrangers. Permettez que je me répète en vous lisant de mon *Etau* cette affirmation; je l'ai patiemment déduite de nombreux documents, établis par les admirateurs eux-mêmes du système que je combats, et d'abord par l'Office National des Porteurs français de Valeurs mobilières:

« Si nous confrontons les divers Annuaires de l'Office National, voici des enseignements généraux. De 1909 à 1912, les émissions faites en France totalisaient 7.642 millions 800.000 francs. Mais sur cet ensemble les emprunts publics ne représentaient que 1.211.500.000 francs. A peine le sixième de l'épargne française était donc consacré à l'amélioration du domaine public. Aussi, allez à Marseille à Dunkerque: ports embouteillés — de Paris à Bordeaux, de Lyon à Toulouse: chemins de fer cahotants. Le sol manque d'engrais, un tiers des cultures cette année ne donneront plus de blé.

Et l'Internationalisme Financier devenait si frénétique, aux derniers temps de la Paix, qu'en 1911 les capitaux qui furent exportés à l'étranger représentaient, selon l'annuaire de 1912 (p. 456), exactement 2 *milliards* 212 *millions* 238 *mille* 629 *francs*.

La litanie ne cesserait point. Et la France pourtant a de sublimes énergies. Mais un cancer la ronge : c'est la Finance Internationale. »

Histoire ancienne, va-t-on riposter. Et certes la fuite de l'argent français a diminué depuis 1914. Mais s'il dut s'arrêter durant la Guerre, s'il a dissimulé, maquillé son évasion, elle n'en reprend pas moins de jour en jour. Avant-hier c'était l'Emprunt Italien placé en France ; hier, la saignée d'un milliards ou deux, opérée par les nouveaux Etats de l'Europe Centrale, ces Tchéco-Slovaques auxquels l'amitié française est si reluisante, parce que sonnante, en attendant d'être trébuchante. Demain, ce sera quelque emprunt chinois.

Or cet argent que l'on soutire à la France sous la duperie d'un intérêt élevé, quel usage en pourrait tirer la France?

Elle pourrait refaire son outillage, et, par là-même.. sauver cette *loi de huit heures* qui, née à peine, se voit menacée d'étranglement. La machine moderne est assez perfectionnée déjà (voyez aux Etats-Unis les usines Ford) pour assurer l'aisance du travailleur en ne lui imposant désormais, six jours par semaine , plus de six heures — et non pas huit heures — de labeur quotidien.

Si les Travailleurs ne témoignaient pas aux choses de

finance le navrant dédain où les entretiennent leurs meneurs, s'ils unissaient leur résistance à celle de quelques bourgeois libéraux sur ce terrain d'apparent nationalisme, et méprisaient les apparences déformatrices pour s'attacher aux réalités libératrices, peut-être verrions-nous l'outillage français profiter d'une épargne commerciale et agricole qui recommence de s'éparpiller sur toutes les routes du Monde.

Mais « l'homme ne vit pas que de pain ». Un danger plus grand encore découle pour les Travailleurs de cette évasion financière. En modifiant un vers célèbre de Victor Hugo, j'ai cru donner la formule de la politique financière :

Français, garde ton or et répands ton esprit.

Or c'est l'âme du Monde, que l'évasion financière met en péril.

Voyez les Emprunts Russes : 9 milliards de francs y sont engloutis — et l'on fait même croire au public, pour le mieux exciter contre la Russie, que la ruine monte à 15 milliards. M. Georges Clemenceau, naguère omnipotent plus qu'omniscient, disait : 20 milliards.

Tant pis — songez-vous — pour les petits bourgeois qui « ont pris du Russe » ? A votre aise ! Mais le résultat ? Vous l'avez sous les yeux. C'est le Blocus de la Russie, l'effroyable malaise qui en résulte pour l'Europe entière — pour le Monde entier. Vous qui aimez les Soviets, ne niez plus que la question financière soit en rapport étroit avec la question sociale.

Et voilà qu'un troisième exemple s'impose, après que l'invitation de cette conférence eût été rédigée. Vous savez le scandale grandissant de la Banque Industrielle de Chine. Sans goût ridicule pour la prophétie, je vous atteste qu'il peut sortir de ce scandale un fléau pour les Travailleurs de France autant que pour les Bourgeois.

La Chine, perdant ainsi confiance dans la probité de la Finance française, écoutera plus aisément les Etats-Unis et surtout le Japon. Une coalition se nouera en Asie qui mena-

cera tôt ou tard les colonies françaises d'Extrême-Orient.
Tôt ou tard, vos fils repartiront non plus conquérir un Tonkin fiévreux, mais le défendre et s'y faire à nouveau décimer.

Ainsi la Finance domine le Travail qui vit au jour le jour, comme elle domine l'Epargne qui s'efforce d'assurer le lendemain.

Et cette domination forme un réseau savant de puissances multiples, étreignant les unes par les autres le Monde entier. Réseau que sa complexité n'empêche pourtant, si l'on en suit patiemment l'entrelacs, de connaître en ses grandes lignes.

Regardons l'Internationale Financière du point central pour nous, de la France. Pour que les choses vivent, cherchons leurs incarnations.

Examinons les principaux groupes de Financiers, reliant la France au Monde, et d'abord à l'Europe.

*
* *

Délaissons les Etats de faible importance : la Bulgarie, dont nous avons vu la minime dette envers la France, sans la compensation — comme l'Allemagne — d'une primordiale grandeur politique — la Belgique, la Hollande, les Etats balkaniques anciens ou nouveaux, amputés ou factices (Yougo-Slavie et Tchéco-Slovachie) — ou cette Espagne, qui n'a reçu de la guerre que le plus mirifique des contrecoups : la hausse de la peseta. Et nous ferions de même pour la Roumanie, si nous ne devions — en passant — noter que les « frères latins » du Danube savent envoyer leurs Financiers en France (ainsi leur Ministre des Finances, M. Titulesco) pour négocier des emprunts afin de régler — telle est leur promesse — leurs emprunts antérieurs, cependant que les sujets du roi Ferdinand et de S. Exc. M. Titulesco inondent le marché français de titres roumains non estampillés, qui ne sont donc, en ce moment, que du papier d'escroquerie.

Dans l'enchevêtrement de l'Europe financière, il faut nous borner à l'essentiel.

Or cet essentiel est encore triple :

Les Ennemis d'hier, Amis sans doute de bientôt — les Incertains Amis ou Ennemis de bientôt — les Amis d'aujourd'hui, Ennemis de bientôt.

Qu'on prenne l'Amitié au sens financier, et du reste absolu : le Profit.

LES ENNEMIS D'HIER, AMIS DE BIENTOT

Ils sont trois qui comptent financièrement — et politiquement.

Turquie. — La situation n'a pas changé depuis 1920, où je disais dans mon *Etau* :

« TURQUIE. — Ici, le travail le plus complet qu'on puisse désirer : une brochure éditée en juillet 1919 par « Le Groupe des Intérêts Français dans l'Empire Ottoman », en réalité par la Banque Ottomane.

Dette publique.

Partie détenue par la France	2.454.417.377 fr.
Sociétés Privées	902.893.000 fr.
Total	3.357.310.377 fr. »

Un organisme centralise les relations françaises et turques : c'est la *Banque Ottomane.* Constituée au capital de 250 millions de francs ou 10 millions de livres (du temps où la livre sterling valait 25 francs et non pas, grâce à l'amitié anglaise, 52 francs) elle possède un Comité à Paris, un Comité à Londres, un Conseil à Constantinople. La plupart des dirigeants de Paris appartiennent à ce que l'on appelle souvent « la Finance protestante ». Le président est le baron Jean de Neuflize. A ses côtés, MM. Boissonnas, de Cerjat, Hottinguer, Raoul Mallet, Félix Vernes. Mais une pincée de judaïsme les parfume : MM. Finaly et George Heine.

Le Comité de Londres, sur dix membres, tous Anglais, comprend neuf personnages titrés, cette Gentry qui, plus intelligente que la soi-disant Aristocratie française, bien loin de bouder la politique de son pays, en a pris la direction par le centre : les Affaires. Les dix Anglo-Ottomans de Londres se répartissent en un Viscount (Vicomte), deux Earls (Comtes), deux Lords, quatre Baronets — l'un d'eux est en outre Général. C'est le militaire, bon et brave à la bataille financière, que nous connaissons aussi en France. A la Banque Ottomane de Londres il s'appelle Gen. Hon. Sir Herbert A. Laurence K. C. B.

Mais un nom est pour nous autrement significatif, et c'est à Constantinople. Dans le Conseil de la Banque Impériale Ottomane, qui trouvons-nous ? A côté d'un Arménien (M. Kerestedjian), d'un Hongrois (M. Hungar) et de trois Turcs, trois Beys (Djevad, Hamid, Noury). voici le Français :

Directeur général, M. Louis Steeg.

Je me refuse d'ordinaire à rechercher les parentés, à confondre la vie familiale des Financiers avec leur vie professionnelle. Ici je le peux, car ce sont vies également publiques. M. Louis Steeg, publiquement Directeur Général de la Banque Ottomane, poste qu'il échangea contre la fonction moins fructueuse de Diplomate, est le frère de M. Théodore Steeg, publiquement Sénateur et Gouverneur Général de l'Algérie.

Ainsi s'entrelace le réseau des fonctions nationales et des directions internationales.

Et la force partout s'en distribue. Vous croyez que le Financier ne fait que de la Finance ? Reprenez ma liste de la Banque Ottomane, et suivez-moi dans une brève digression, qui au fond n'est pas du tout une digression, mais tient à l'essence même de notre enquête.

Au Comité de Paris, trône M. Raoul Mallet. Qu'il aime la Turquie, et que son clan le suit en cet amour !

Nous trouvons M. Raoul Mallet, selon l'Annuaire Chaix, édition de cette année même, dans neuf Sociétés Anonymes.

Et les *sept* parènts qui le précèdent dans ce Gotha de la Finance (le baron Albert, MM. Ernest, Etienne, Frédéric, Georges, Jacques, enfin P. Mallet) étendent leur pieux pouvoir sur vingt-quatre Sociétés. Au total le clan Mallet participe à la gestion de trente-trois affaires françaises ou internationales. Joli type, à saluer au passage, de ploutocratie familiale. Vous qui ne discernez pas une chimère dans le Communisme, mais un avenir, remerciez les clans d'affaires : ils faciliteront singulièrement la fusion des sociétés anonymes par la société plus anonyme encore du Prolétariat.

Or M. Raoul Mallet aime les Turcs en tous leurs travaux. Le voici dans la *Société de la Régie Cointéressée des Tabacs de l'Empire Ottoman.* Hier on le trouvait dans le Conseil du *Chemin de Fer Ottoman Jonction Salonique-Constantinople.* Son parent Georges est dans le Conseil du *Chemin de Fer Damas-Hamah et prolongements,* cette affaire qui joua un rôle si grave dans la rivalité de la France et de l'Allemagne, cette affaire qu'aussi bien nous aurons à revoir quand nous étudierons l'Internationale Financière en Asie.

Et naguère la Turquie permettait au clan Mallet de prouver mieux encore sa largeur de vues financières. En 1909, M. Charles Mallet, dans cette Régie des Tabacs Ottomans, s'y coïntéressait avec « H. de Bleichroder, de Berlin ».

Le premier banquier d'Allemagne fraternisait sous le Croissant avec l'un des premiers banquiers de France. Et ce sont ces gens-là qui flétrissent l'union du Prolétariat sous le Drapeau Rouge !

Aussi ne manquons point de rappeler l'anecdote qui soudain vient tout éclaircir, et que déjà recense mon *Etau.* Quand la Turquie pantelante expédia ses *mamamouchis* pour signer ce « Traité de Sèvres » qu'on n'a même pu exécuter, et qui n'est plus qu'un parchemin en loques, où donc s'hébergèrent les mamamouchis ? Un instant à Vaucresson ; mais soudain des autos volaces les emportèrent à Monteclin.

A qui ce château ?

A M. Raoul Mallet.

L'Autriche-Hongrie. — Fictivement l'aigle bifide des Habsbourg est déchiré. Pratiquement, il subsiste. Ce n'est pas aujourd'hui un Roi qui tient sous un seul sceptre des peuples antagonistes. C'est un groupe de Finance. Tandis que le lamentable Charles s'agite sur la scène, le Creusot manie la marionnette. Car le Creusot capte l'Europe Centrale. Il lui donnera de la métallurgie. Et sa banque, l'*Union Parisienne,* lui donnera de l'argent. Tout ne va pas sans heurt. Ecoutez cette notule de *Finance-Journal* (17-:-22) :

« UNION EUROPÉENNE INDUSTRIELLE
ET FINANCIÈRE

Constituée en avril 1920, par le *Creusot* et la *Banque de l'Union Parisienne,* cette entreprise — dont le groupe fondateur attendait des merveilles — semble se débattre au milieu de difficultés particulièrement graves. D'ailleurs, son programme, autant dire illimité, l'amena bien vite à se constituer un portefeuille comprenant des titres d'industries variées de *Pologne,* de *Tchéco-Slovaquie* et d'*Autriche.*

Or, parmi celles-ci on peut noter la *Société des Etablissements Skoda,* la *Société des Ateliers de Constructions de Machines réunis* (anciennement Skoda, Ruston, Bromovsky et Ringhoffer), de l'*Oesterreichische Berg und Huttenwerke Gesellschaft* (Société Autrichienne de Mines et Métallurgie) et la *Société des Forges et Aciéries de Huta-Bankowa.*

Somme toute, cette filleule du groupe des Schneider.-Banque de l'Union Parisienne, se trouve en la dure obligation de soutenir de ses capitaux ces multiples sociétés dont la situation financière est des plus difficiles. Aussi est-il aisé d'affirmer que ce lourd boulet pèse de plus en plus sur ses épaules et celles de ses nobles parrains. Et la preuve irréfutable, nous la trouvons dans la cote, où les cours de ces titres introduits sur le marché entre 600 et 630 francs s'inscrivent présentement à moins de 300 francs.

Or, si les promoteurs ont, au début, réalisé de plantureux bénéfices, il n'en peut plus être de même actuellement, obligés qu'ils sont fatalement de venir en aide à leur malheureuse filleule dont la tâche dépasse les forces.

Quant à l'épargne, elle y a perdu tout simplement une quarantaine de millions. »

La perte de l'épargne n'est pas mortelle. Mais risque de l'être la perte de la dignité française. Et les agissements du Creusot, nous les avons révélés dans l'examen des documents qui sont passés l'année dernière au Parlement.

L'Amiral Horthy, le Dictateur de la Hongrie, a reçu les injonctions de la Diplomatie française mise au service du Creusot, et de son groupe bancaire, pour le dépeçage industriel de la Hongrie. L'Amiral Horthy n'a pas été assez souple. Aussitôt, et à deux reprises, la Hongrie subissait les assauts du lamentable Charles, poussé par qui ? Serait-ce par le Creusot ?

*
* *

L'Allemagne. — « La solidarité économique brise les frontières ». Formule essentielle, qui seule éclaire la politique moderne. Sortez de la Hongrie, sortez de l'Autriche, où la misère des enfants viennois n'est qu'un thème d'attendrissement capitaliste — comme la misère des enfants moscovites n'est qu'un thème d'attendrissement communiste — abordez maintenant l'Empire également mutilé du principal Ennemi de la France — son principal Ami de bientôt — et vous comprendrez les alliances en apparence monstrueuses des hommes d'argent qui hier se jetaient le mutuel anathème sous l'égide hypocrite de leurs Patries — et vous y retrouverez le Creusot.

Les tractations des Manieurs d'Argent franco-allemands ne sont pas inconnues. Malgré le mystère dont ils s'entourent (grande force du Financier moderne : le Traitant étalait insolemment sa fortune, donc sa force — lui, prudemment les cache), malgré le silence complaisant — et pour eux coûteux — de presque toute la Presse — la vérité filtre. Aussi ne viens-je répéter ce qu'on rassasse : Loucheur et Rathenau, Rathenau rival d'Hugo Stinnes. Sujets de cinéma. Si je m'éparpillais en exemples anecdotiques, je pourrais citer des noms par dizaines. Ne prenons que deux hommes et que deux groupes.

*
* *

Vraiment le Financier moderne a le don d'ubiquité. Sa pensée — sa convoitise plutôt — se promène sur toutes les branches du travail humain, dans tous les pays du monde. Voyez M. Edgard Stern.

Au début du siècle, il y a vingt ans, il n'apparaissait que dans *une* société. Il appartient aujourd'hui (C f. le Répertoire des *Principaux administrateurs de Sociétés*) à *dix-neuf* affaires. Onze en sont assez importantes pour figurer à l'Annuaire Chaix. Quelle variété ! C'est la Finance proprement dite, avec la Banque d'Indo-Chine, ce sont les Eaux, le Gaz, l'Eclairage, le Chauffage, la Force Motrice, les Assurances sur la vie, contre les accidents ou l'incendie. Mais la France ne saurait suffire à ce meneur de l'Internationale Dorée. Le voici dans la *Société des Sels Gemmes et Houilles de la Russie Méridionale* — entre le Comte d'Haussonville, fils pieux de l'Eglise, et M. Grüner, pieux gardien de la Vache à Colas.

En ce moment, les Sels Gemmes, se trouvant à Karkhof, relèvent de leur saveur le brouet bolchéviste, mais ne fournissent guère aux actionnaires de MM. Stern, d'Haussonville et Grüner qu'un dividende pétrifié.

Naguère, l'internationalisme de M. Edgard Stern était plus fructueux. Aussi le trouvait-on ailleurs qu'en Russie.

M. Stern était l'un des administrateurs de la *Banque Commerciale Italienne*. Il y siégeait à côté de cinq Allemands : l'un d'eux était le Doktor P. de Schwabach qu'au même temps nous trouvions avec M. de Neuflize dans cette Régie

Cointéressée des Tabacs Ottomans que je viens de montrer.
Et le Doktor F. de Schwabach, affublé du titre diplomati-
que de Consul Général, était en outre muni d'une qualité
bien plus éblouissante : « représentant de la maison Bleichroder, de Berlin ». Mais un autre administrateur allemand
de la Banca Commerciale Italiana offre un intérêt encore
plus vif : Herr Franz Urbig, « à Berlin, gérant de la *Dis-
conto Gesellschaft* », l'équivalent germanique de notre puissant *Comptoir d'Escompte*.

Histoire ancienne, pensez-vous ? Eh non ! histoire très
actuelle. La Guerre a massacré la foule obscure. Sur les
Financiers c'est à peine si sa griffe a mis une fugitive em-
preinte. On retrouve les mêmes noms et sous un léger ver-
nis le même trafic recommence.

Qu'est devenu Herr Urbig, naguère l'un des principaux
Financiers de l'Empire Allemand ? Il est maintenant l'un des
principaux « Conseillers financiers » de la République Allemande. On le découvre à la tête des délégations que l'Allemagne envoie en France pour régler la formidable question
des indemnités de Guerre. Et quand la première délégation
entre sur le territoire de la France victorieuse, où Franz
Urbig prend-t-il logis avec elle ?

Au château de Villette, près de Pont-Sainte-Maxence.

C'est le château de M. Edgard Stern.

On comprend qu'en cette région de l'Oise, deux fois fou-
lée par les soldats du Kaiser durant 1914 et 1918, le château de Villette n'ait point souffert.

*
* *

Encore M. Edgard Stern laisse-t-il son ami Franz Urbig
venir jusqu'à lui. Mais tel autre Manieur d'Argent plus français encore va jusqu'en Allemagne retrouver ses amis allemands. On le nomme même à cet effet Ambassadeur de
France.

Son Excellence M. Charles Laurent a gardé jusqu'en 1915 deux Allemands dans la *Société Centrale pour l'Industrie Electrique*, dont il était le Président. Il a trouvé fort naturel que Herren Ha.mspohn et Oliven ne fussent *démissionnaires* de son Conseil d'Administration qu'en 1915, alors que depuis sept mois la France et l'Allemagne s'entretuaient, que depuis sept mois les biens des Allemands étaient séquestrés en France... quand ces Allemands étaient d'humbles croquants, et non pas des collègues de Haut et Puissant Seigneur Charles Laurent, Premier Président Honoraire de la Cour des Comptes, Administrateur du *Chemin de Fer d'Orléans*, du *Crédit National*, de la *Banque des Pays du Nord*, du *Canal de Suez*, de la *Compagnie Thomson-Houston*, et qui sur son habit brodé d'Ambassadeur à Berlin étale aujourd'hui toute cette brochette de titres financiers. Nul cumul ne déplaît à la Bourgeoisie, s'il est gras en profits. Un laquais d'ambassadeur ne pourrait être simultanément encaisseur de banque. L'Ambassadeur joint au somptueux traitement de la République « les jetons et les tantièmes ».

Mais ils ne sont eux-mêmes, le Financier Edgard Stern ou l'Ambassadeur Charles Laurent, que des exemples *individuels* d'un système *général*, les pièces plus ou moins fortes du jeu moderne. Tout se joue sur l'échiquier de la Finance. Et l'Allemagne si bruyamment flétrie par la Bourgeoisie patriote, voyez par deux groupes comment la France bourgeoise, en cas de profits, sait envers elle devenir plus douce.

Pour rentrer en relations financières avec la France, l'Allemagne a d'abord le système que le droit appelle « personnes interposées ». La noble Suisse, d'un si petit territoire, mais d'un si grand cœur, aussitôt se dévoue. Voici des questions posées récemment par divers périodiques (ainsi *Finance-Journal*, 7-12-21) et qui concernent une Banque parisienne de second plan, mais assez forte déjà: le *Crédit Commercial de France*, l'ancienne *Banque Suisse et Française* :

Est-il exact que le premier des directeurs du Crédit Commercial de France, M. Gunthert, soit suisse?

Est-il exact que soient suisses également les fondés de pouvoir du Crédit Commercial de France, dont les noms suivent:

MM. Biedermann, Chiocco (chef de service des changes), Filliettaz, Lapraz, La Roche, Camille Meyer, Albert Meyer, Wengen?

Est-il exact, enfin, que soient suisses, encore et toujours, deux des représentants du Crédit Commercial de France, MM. Scheidecker et Weisberger?

Aussi bien, quel besoin d'un système « d'interposition »? Il est si simple de s'entendre directement. Vous l'allez voir non plus avec une Banque, organisme théoriquement privé, mais avec l'institution la plus officielle de France: la sacro-sainte *Académie Française*.

C'est l'histoire des *Mines et Usines à Zinc de Silésie*. Elle serait longue à détailler. J'en vais donner l'essentiel.

On sait que le nœud géographique des conflits persistants, c'est la Silésie, Terre de Chanaan pour les Massacreurs d'Hommes. Là surgissent du sol les industries de la Guerre, là résidait pour l'Empire Allemand la force essentielle à ses industries de mort. Depuis un long temps la Prusse avait transformé la Silésie en un immense arsenal. Et parmi les sociétés qui traitaient, outre le zinc, les acides les plus précieux à la tuerie, s'élevait la Société constituée en 1854 *sous la loi prussienne* par un groupe de magnats. Le plus connu en France était ce Comte, puis Prince de Donnersmark, qui épousa la Païva dont la beauté lourde s'épanouit dans le lourd hôtel qu'elle édifia aux Champs-Elysées et qu'emplirent de leurs courbettes ces gens de lettres qui, toujours encenseurs de l'Argent, s'appelaient autour de la prostituée triomphante Théophile Gauthier, Sainte-Beuve, Taine. Or la *Société des Usines à Zinc* avait le tiers de son capital placé en France. Dans son Conseil se cou-

doyaient Magnats de Germanie et Nobles (ou nobliaux)
de Gaule. Jusqu'en 1914, le baron de Neuflize, le duc de
Gramont, M. de Gontard représentaient le capital français
dans cette Entreprise de tuerie teutonne. Et la Guerre à
peine finie, les actionnaires français, par un recours adressé
au Tribunal Arbitral Franco-Allemand, et signé de l'avocat
Gontard (qu'est devenue la particule?), les porteurs français
d'actions silésiennes s'indignent de ce qu'on prétend leur inter-
dire de participer à la nouvelle émission de la société silé-
sienne, de lui verser à nouveau l'argent français pour le
Royaume de Prusse.

Et qui donc figurait parmi ces actionnaires — sinon parmi
les réclamants d'aujourd'hui, du moins parmi les porteurs
antérieurs — qui donc? Tout simplement les quarante
rameurs de la galère capitane, les quarante qui ont du
patriotisme comme quatre.

Ecoutez cet extrait des notes autocopiées que distribue
parmi les capitalistes le plus officiel des groupements d'étude
et d'intervention financières : *L'Association Nationale des
Porteurs Français de Valeurs Mobilières*, présidée par
M. Boivin-Champeaux, Sénateur. La note est du 20 août
1920, et porte le n° 059.

« *Actions de la Société des Mines de Zinc de Silésie*. —
Les actions qui se trouvent en possession des ressortissants
français ou belges n'ont pas été séquestrées ni liquidées, à
l'exception d'un certain nombre de titres qui appartenaient
à l'Académie Française. »

Je conçois que le Directeur de l'Académie Française ou
son Secrétaire Perpétuel, un Maurice Donnay, un Frédéric
Masson, ne m'aient point répondu quand en forme bien honnête je priai leur Académie de me fixer à ce sujet. Flétrir
de 1914 à 1918, pendant cinquante-et-un-mois-et-demi, la
barbarie teutonne, exalter la France martyre, subir les vers
de M. Jean Richepin et les proses de M. Raymond Poincaré —
alors qu'on sait, dans le portefeuille qu'académique on
nomme, les vignettes silésiennes des Usines à Zinc de Don-

nersmark, de la Païva, du baron de Neuflize, du duc de Gramont! Il fallut la Guerre pour liquider ces actions. L'Académie Française a-t-elle enfin touché le prix de ces titres qui *toujours* et dès 1854 représentaient une industrie dirigée contre la France? Elle devrait charger de cet encaissement M. Maurice Barrès, Président de la Ligue des Patriotes.

LES INCERTAINS AMIS OU ENNEMIS DE BIENTOT

« La Finance n'a pas de Patrie », Axiome qui se dégage de notre étude. Il se fortifie plus impérieusement, si l'on passe à la seconde division de notre matière.

La Finance nourrit les indignations contre la Russie bolcheviste. Mais dessous-main, elle traite avec celle-ci.

Cependant la résistance des derniers tsaristes aura long-temps fait illusion. Les expéditions des aventuriers successifs qui devaient « sauver la civilisation ». Denikine, Koltchack, Wrangel, Youdenitch, Balaz-Balakovitch, l'action de leurs acolytes réfugiés en France, Maklakoff, Bourtzeff..., grimaces sanglantes sur un masque de finance. Ce que le tsarisme n'avait pas encore dissipé du trésor fourni par la France, emprunts d'avant-guerre, subsides (4 milliards) de guerre, cette poire encore charnue a pendant trois ans apaisé la soif des merveilleux buveurs que sont les Moscovites. Aujourd'hui la caisse est vide, et la France lasse de la remplir. Même le baron Millerand n'a plus pitié du baron Wrangel. Il faut aviser.

Tâche aisée. Il suffira d'appliquer au « relèvement économique » du bolchévisme enfin reconnu les capitaux prêts pour « l'écrasement politique » du bolchévisme proscrit. Au fil de fer barbelé de feu Georges Clemenceau on enlèvera les barbes, et l'on en fera une chaîne de soutien.

Vous savez que l'Angleterre traite avec les Soviets. Bientôt elle contraindra la France de l'imiter. Et je vois aisément la *Société Commerciale Industrielle et Financière pour la Russie,* constituée en 1920 au capital de 25 millions, appliquer à cette tâche retournée les forces immenses de ses participants.

« Le Conseil d'Administration, dit le *Journal des Finances* (25-1-20) comprend des représentants de la Banque de Paris, de la Banque Transatlantique, de la Banque Française pour le Commerce et l'Industrie, de la Société générale, du Crédit Mobilier, du Crédit Foncier d'Algérie et Tunisie, de l'Union Parisienne, de la Banque Industrielle de Chine, les Banquiers Gunszbourg et Lessine, les Présidents des Messageries Maritimes, de Kriovoï-Rog et des Cirages Français; et du côté russe, MM. Polovtzoff, industriel, Poutiloff et Raffalovich, président et administrateur de la Banque Russo-Asiatique. »

M. Arthur Raffalovich, vient de mourir, peu de jours après que je l'eûsse cité dans mon invitation. Son action s'étant éteinte avec lui, qui n'est point de ces morts dont ses livres sacrés ont dit que « leurs œuvres les suivent », nous n'avons qu'à nous taire devant sa tombe. Mais M. Polovtzoff et surtout M. Poutiloff sont bien vivants, trop vivants. Leur *Banque Russo-Asiatique* avait acquis à Paris le concours de nos plus notoires politiciens, tel M. Charles Dumont, le naufrageur de la *Société Centrale des Banques de Province.* Derrière M. Poutiloff, naguère le maître des immenses usines de Saint-Pétersbourg, le Schneider ou le Krupp russe, se dissimulent MM. Sazonoff et Kokotsow, ceux que j'épithète les « épaves du tsarisme ». En quoi je suis sans doute injuste: il ne serait point surprenant que ces épaves finissent par s'arracher à la tempête, se raffermir, s'assembler et former un très solide radeau pour le bolchévisme financier.

Car Lénine, Diable ou Archange, et ceux qu'il incarne en lui, connaissent — mieux que le flottant et bavard Kerensky — l'organisation moderne et que dorénavant tout est Argent.

Lisez le journal de la moyenne Bourgeoisie, celle qui, à

lui faire confiance, s'est gavée de Fonds Russes, le *Petit Parisien* (9-1-22).

Un grand article montre M. Matvei Skobeleff (on ne lui donne pas du « camarade », mais en dehors des « congrès » où sept fractions de l'Internationale Ouvrière entrechoquent huit programmes et les ponctuent de neuf excommunications, tient-il tellement à ce titre retourné?) et la présentation est nette : « M. Matvei Skobeleff nous dépeint son rôle et nous confie ses espoirs. »

On ne doit jamais hâter les temps énigmatiques. Mais si je ne suis plus aussi sûr de voir Charles Rappoport, le doux homme, Ambassadeur à Paris de Toutes les Russies Communistes, je prévois sans peine M. Matvei Skobeleff Consul Général de la République Russe auprès de la République Française (République est un vocable si large) et vendant les produits moscovites un prix bien honnête à la Société de M. Poutiloff.

LES AMIS D'AUJOURD'HUI, ENNEMIS DE BIENTOT

Ne portons qu'un regard très bref sur l'Italie. A mesure que s'éloigne Caporetto, les Italiens retrouvent leur superbe. « Italia fara da se ». Ce qu'elle sait faire pour l'heure, nous l'apprenons par le « Krach de la Banca di Sconto ». L'épargne française en est assez atteinte. Pourtant elle était défendue, semble-t-il, par un ami du Prolétariat : le banquier Louis Dreyfus, qui avant que d'être administrateur de cette Banque transalpine, fut, à la Chambre française, Député radical. Il entourait d'un vif amour les Syndicalistes, et surtout les Postiers, qui le lui rendaient bien en assurant le « fil spécial » dont la Banque Louis Dreyfus tirait de menus avantages quand une grève paralysait ses concurrents de finance.

Mais ce n'est là qu'un fait encore plus menu, en comparaison des enseignements que nous offre le seul allié de la France vraiment puissant en Europe : l'Angleterre.

Il serait très complexe et très long d'examiner — par les choses et par les hommes — tous les contacts financiers de l'Angleterre et de la France. Il faudrait prendre l'un après l'autre ces « experts financiers » qui, de Londres à Cannes en attendant Gênes, jouent la « réorganisation économique » de l'Europe sur le tapis vert des « conférences techniques » pendant que de plus notoires politiciens la jouent sur le gazon plus glissant du *golf*. Mais, par l'Angleterre, nous pouvons saisir le groupe et l'homme définitivement représentatifs de l'Internationale Financière.

Ce groupe, c'est la pieuvre géante de la Finance moderne : la Tribu Rothschild.

Cet homme, c'est leur tentacule aux suçoirs les plus multiples, aspirant la force du pouvoir en apparence indépendant, la force de la Presse : Sir Bazil Zaharoff.

Résumons leur puissance.

*
* *

Les « Barons de Rothschild » sont trop connus pour reprendre envers eux les vieilles histoires qui, depuis le pamphlétaire Mirecourt, courent partout. On les sait anoblis par l'Autriche, à laquelle ils renvoyèrent en 1914 leurs titres et leurs croix. Mais l'Empire des Habsbourg étant tombé en poussière et par là-même toute Chancellerie Aulique, les Barons se sont courageusement résignés à reprendre leurs croix et leurs titres. J'en eus moi-même une preuve récente.

Ayant commis quelque notule sur Leurs Seigneuries, j'adressai le numéro de ma revue à « Monsieur le Baron de Nucingen, 21. rue Laffitte ». Jamais ne me revint. Le portier avait compris aussitôt qu'il s'agissait bien de la race campée par Balzac.

Race internationale, c'est le trait dominant que j'en veux noter ici.

Sept Rothschild recensés à l'Annuaire Chaix : cinq en France (barons Edmond, Edouard, Henri, James, Robert), deux en Angleterre (l'honorable Charles et Lionel). Ils représentent l'union de *quinze* sociétés. C'est moins, dites-vous, qu'un seul Edgard Stern ? Oui — mais quelles sociétés !

Sept Compagnies d'Assurances ; la Banque de France ; presque tous les Chemins de fer, la Ceinture, l'Est, le P.-L.-M., surtout le Nord. Six Rothschild tiennent ce dernier réseau.

Et le rail véhicule leur pouvoir hors de France : Chemin de fer de Madrid à Saragosse et Alicante.

Avant la Guerre, le baron Edmond n'était pas seulement administrateur d'un Chemin de fer belge (Mons-Hautmont). Il présidait le Comité de Paris des Chemins de fer du Sud de l'Autriche. A la même table siégeait Lord Rothschild. Mylord est mort. Mais la Tribu a mieux pour le remplacer : sir Philip Sassoon, qui dans son palais de Lympne héberge Lloyd George, auquel il dicte les volontés de la Finance Internationale.

Le Baronet a plus de prix que le Pair du Royaume. Par une étroite parenté, il est aussi Rothschild. Par le nom, il ne le paraît point. Les Juifs aiment l'ombre. Pourtant, ils ne peuvent en tous lieux cacher leur force. Elle est trop répandue, trop visible. Les dynastes d'Israël ont toujours veillé à ce que leur maison fût représentée dans le corps politique des plus grands pays.

Au temps où l'Autriche Impériale avait une Chambre des Seigneurs, un Rothschild y figura. Bientôt « l'honorable » Charles entrera dans la Chambre des Lords. Aujourd'hui, M. Maurice de Rothschild représente à la Chambre Française le département des Hautes-Pyrénées. Les intérêts de Tarbes lui sont chers, et donc l'amélioration de la race chevaline. Mais croyez qu'il assure avant tout la conservation de la race bancaire.

Demain, ce sera peut-être le Reischtag. Méditez ce filet du *Journal des Banquiers* (10-2-21) :

« La Maison Rothschild va faire, avant peu, beaucoup parler d'elle ; du papier sera noirci à ce sujet. Car un fait important, non seulement pour les milieux financiers allemands, mais encore pour les internationaux, va se passer.

« La maison de banque Rothschild, qui, à l'origine, avait sa résidence patrimoniale à Francfort et qui s'établit ensuite à Londres, à Paris et Vienne, va se transporter à Berlin. Une nièce de Mme Raula Goldschmidt-Rothschild, A. Frahnburger, entrera dans la maison à titre d'associée. La maison changera alors de nom et s'appellera V. Goldschmidt-Rothschild. »

Après-demain, ce sera peut-être le Conseil des Soviets.

La Russie a toujours attiré les Rothschild. De 1889 à 1901, ils ont placé en France *onze* emprunts russes. Fait si grave, qu'il le faut un instant méditer. La formule suprême en rebondit, l'essence même de l'Internationale Financière y éclate.

Quand la maison de la rue Laffitte ouvrait ses guichets à la flibuste tsariste, c'était la pleine époque des hideux pogroms. Partout coulait le sang des Juifs, où la Sainte Russie retrempait avec délices son imbécile orthodoxie. Voilà le crime irrémissible des Rothschild, Financiers d'Alexandre III et de Nicolas II. Leur boulimie d'or s'est rassasiée jusqu'en l'agonie de leur peuple.

La Finance n'a pas plus de Religion qu'elle n'a de Patrie. Regardez ces hommes : un Raphaël-Georges Lévy, juif, un comte d'Haussonville, catholique, un Gruner, protestant. Tous unis pour le gain et l'allant chercher dans les sels gemmes de la Russie.

Donc, pas d'antisémitisme. Hypocrisie bonne à piper seulement les naïfs. Le mot du non-juif Bebel se justifie aux recherches de politique financière : « L'antisémitisme n'est que le socialisme des imbéciles. »

Point de Patrie, point de Religion chez les Financiers, *en tant que Financiers*. Seul caractère fonctionnel : l'Avidité.

Prenez la suprême incarnation :

Sir Basil Zaharoff.

⁎⁎

Le personnage vaudrait une étude fouillée. Mais le mystère duplice dont il s'entoure la rend difficile à qui veut montrer cet homme sous les traits exacts. On le pourrait envisager du point de vue étroitement français. Titre éventuel : *la Réincarnation de Cornélius Hertz*.

Il est autrement curieux du point de vue international. Tentons l'esquisse.

Souffrez que je me répète. L'esquisse n'en sera que plus condensée. Voici les premiers coups de plume par lesquels j'essayais de fixer Sir Basil Zaharoff, dans l'*Etau* (p. 20-22) : « M. Zaharoff fournit le type le plus curieux de cet internationalisme d'affaires. Répétons ce que nous en disions dans notre revue *L'Activité Française et Etrangère* (N° 20, p. 270, col. 3).

« Enfin, le Maître Suprême : M. Zaharoff.

Sa bonté s'étend sur toute la nature. Chaque fois qu'il gagne un million (où lisions-nous qu'à force d'économie, ce nouveau Carnégie, d'autant plus Français, lui aussi, qu'il vient, non pas de Genève, mais de Russie, avait pu en mettre de côté pendant la guerre *trois cents*?) il fait un gentil cadeau à ses amis — ou, ce qui vaut mieux, à ses ennemis. Il fondait récemment une chaire, ou quelque chose d'approchant, à cette Sorbonne qui pour soutenir la pensée française doit recevoir les pourboires russes. Alors M. Zaharoff a reçu le Grand-Cordon de la Légion d'Honneur. Simplement.

Il fondait naguère, pour amadouer M. Aristide Briand, l'Agence Radio. Combien cela coûta-t-il à M. Zaharoff ? Demendez-le à M. Turot. Sur quoi Clemenceau mit Radio dans sa poche, et jeta Turot dans l'eau.

Le plus savoureux, c'est qu'avec ce nom russe (nous ne disons pas bolchéviste ; M. Arthur Raffalovich passe bien pour Russe, et pourtant il n'est pas bolchéviste... pour le moment), M. Zaharoff, selon le *Tout-Paris*, se prénomme *Basil*, et se trouve être *Sir*, donc *Baronet*, donc Anglais. Ah! comme ces vies des Grands Financiers sont simples et nettes!

Cependant, M. Zaharoff, du haut de ses 300 millions, de sa baronnie anglaise, et de sa Légion française, et de son nom russe, et de son prénom d'opéra italien, M. Zaharoff a bien des efforts à tenter pour représenter le Grand Monde au Nickel près du baron (papal — ou viennois?) Léonino.

Le *Tout-Paris* ne lui donne qu'un cercle :

1 (*Cercle Interallié*). Mais vraiment, avec les nationalités multiformes de M. Zaharoff, c'était ici le Cercle indiqué. D'ailleurs, pourquoi un Cercle à M. Zaharoff? N'a-t-il pas son centre partout, et sa circonférence nulle part? »

Aujourd'hui je puis ajouter quelques traits nouveaux. Le *Matin* les a fournis dans un article signé de M. Henry de Jouvenel, et daté du 21 octobre 1921. Encore est-il nécessaire de préciser ce que le *Matin*, « qui dit tout », n'a dit qu'à moitié :

« Sir Basil Zaharoff est un financier habile. Il représente des intérêts internationaux dans l'industrie des munitions de guerre. En dehors des cercles politiques, il possède dans la production des armements, en quatre ou cinq pays différents, une influence qui va jusqu'au contrôle absolu. Un fait à noter, du point de vue anglais, est que sir Basil Zaharoff, quoique assez Anglais pour être grand-croix de l'Empire britannique et grand-croix de l'ordre du Bain, est d'origine grecque.

L'orateur continua son attaque et définit sir Basil Zaharoff « l'homme mystérieux de l'Europe ».

Pour mystérieux qu'il soit, M. Basil Zaharoff n'est pas un inconnu en France.

Avant la guerre, il comblait de ses dons nos instituts reconnaissants. Une fois, il acheta un journal, qui n'était politique qu'à demi ; cela passa pour une fantaisie de mécène. Pendant la guerre, il fonda une agence destinée à renseigner la presse française, ce qui était le plus habile moyen de l'inspirer et de la diriger.

Le premier à s'en alarmer fut, je crois, M. Clemenceau. A l'arrivée au pouvoir de ce dernier, M. Zaharoff fut menacé, comme d'autres. L'affaire s'arrangea à merveille, puisqu'il reçut, à quelques jours de là, la grand croix de la Légion d'honneur. Depuis, une partie de la famille de M. Clemenceau est entrée dans les affaires de M. Zaharoff. C'est à M. Zaharoff que M. Clemenceau a été faire sa première visite, au retour de son voyage aux Indes. C'est M. Zaharoff qui, directement ou indirectement, sera le principal commanditaire du journal où l'équipe clemenciste va faire prochainement sa rentrée.

Ne reprochons pas à ce financier cosmopolite, riche à plus d'un milliard, né en Grèce, fait sir en Angleterre et grand-croix de la Légion d'honneur en France, d'utiliser au bénéfice de son pays natal l'influence politique qu'il a acquise ici et ailleurs. Le scandale est seulement dans les concours qu'il trouve, car son pays natal n'est ni la France, ni l'Angleterre. Plaignons les peuples qui se laissent enrôler au service de la finance internationale . »

Les indignations de M. Bunau-Varilla contre « la finance internationale » ont quelque charme. Mais précisons. Le journal acheté naguère par Sir Basil était *Excelsior* — celui créé maintenant par lui est l'*Echo National*. Car « Georges Clemenceau, fondateur », résonne aussi juste que jadis. *La Justice* disait : Clémenceau, l'écho répondait : Cornélius Hertz. Le « Grand Français » proscrit les Marguliès, mais il aime les Rosenberg. Et Sir Basil Zaharoff ne lui tient pas rigueur de lui avoir escamoté l'*Agence Radio*. Ce Juif a l'âme évangélique. Il oscille de Clemenceau à Briand pour le plus grand équilibre de la Finance.

« L'industrie des munitions de guerre » où domine le Grec (en réalité Juif : *Zaharoff*, terminaison vaguement russe du mot hébreu *Zohar*) c'est la Société Maxim, fabrication de mitrailleuses.

Le « financier » se rattache en France à la *Banque de la Seine*, dont la dernière assemblée a montré que Sir Basil en était le plus gros actionnaire.

Ainsi, la mitrailleuse pour massacrer, la banque pour « financer » la mitrailleuse, le nickel pour armer la mitrailleuse. Et par la Société *Le Nickel*, Sir Basil se révèle l'acolyte des Rothschild dont un second parent, le baron Emmanuel Léonino, siège à ses côtés.

Triplement outillé pour le massacre, Sir Basil joue pourtant à l'humanitaire. Il vient de consacrer une nouvelle largesse à la Pensée. Il a fondé le Prix Balzac : 20.000 francs pour l'encouragement des jeunes écrivains. Et M. Paul Bourget, le penseur si bien pensant, le romancier du Faubourg noblement antisémite, a courbé ses chamarrures académiques devant le métèque judéo-russo-greco-anglo-français qui lui décernait la présidence du Prix Balzac.

Sir Basil veut-il rire ? Est-ce effet de cette ironie particulière à la race juive et qu'elle emploie parfois à se bouffonner elle-même ? Quel ragoût, ce suprême larcin : la grande ombre de Balzac plaquée sur l'or de l'Internationale Financière ! Le Baron de Nucingen est vengé.

*
* *

Ainsi nous apparaissent les traits exacts de la Finance. Si nous la suivons sur les autres chemins du Monde, nous la verrons en tous lieux semblable. J'ai dû m'abandonner à quelque luxuriance de faits. Il faut, dans ces chemins ardus, n'aller qu'avec soin. Pas de prosopopées, pas d'indignations faciles, pas de redondances creuses. Détruire la Finance est une rêverie comme en pouvaient oser les Pères de l'Eglise, ces rustres magnifiques. Mais les Papes eurent toujours des banquiers juifs.

Enrayer la force maintenant frénétique de la Finance, la contrôler: voilà ce qui reste possible. Et d'abord, que l'Internationale du Travail connaisse exactement l'Internationale du Capital. On ne triomphe de l'ennemi qu'après l'avoir étudié.

Liste des Ouvrages de M⁰ Jacques Bonzon

1. *Cent ans de Lutte Sociale. La Législation de l'Enfance.* 1789-1893. Guillaumin, Paris, 1893. (2ᵉ édition — 1789-1898 — honorée d'une souscription du Ministère de la Justice, et adoptée par le Ministère de l'Instruction Publique. Guillaumin, 1899).

2. *Le Crime et l'Ecole.* Paris, Guillaumin, 1896).

3. *La Corporation des maîtres-écrivains et l'expertise en écriture sous l'ancien régime.* (Avec une préface de M. Ferdinand Buisson). Paris, Giard et Brière, 1899.

4. *Criminels, Suicidés et Buveurs.* Aberlen, à Vals-les-Bains, 1899.

5. *La Vente d'une Congrégation sous Louis XV. La suppression des Jésuites.* Aberlen, 1901.

6. *La Méthode du Féminisme.* Aberlen, 1902.

7. *Le Droit Pénal et la Morale.* Bulletin des Associations Chrétiennes d'Etudiants, n° du 15 juin 1903. — Aberlen, 1903.

8. *La Bienfaisance privée et la surveillance de l'Etat.* Aberlen, 1904.

9. *Les Clubs de femmes sous la Révolution.* (Avec un discours de Mme Vincent). Aberlen, 1904.

10. *La Recherche de la Paternité.* (Avec une préface de Mme d'Abbadie d'Arrast). Aberlen, 1904.

11. *La Réforme du Barreau.* Paris, Edition des « Echos Parisiens », 1905.

12. *L'Affaire Hervé. L'Avocat et la Liberté d'Opinion.* Aberlen, 1905.

13. *La Lutte Sociale dans le Prétoire. Plaidoyers.* La lutte religieuse. La lutte révolutionnaire. La lutte syndicaliste. (1906-1910). — Variétés. Souvenirs de Combat. (1893-1911). Paris, Edition de « La Liberté d'Opinion », 1911.

14. *Magistrature et Parlement. Plaidoirie.* Edition de « La Liberté d'Opinion », 1911.

15. *Faut-il un nouveau Concordat ?* Questionnaire, réponses et conclusion. Paris, 1913.

16. *La Liberté d'Opinion.* 1907 à 1914.

17. *Le Brûlement de Senlis. Plaidoirie.* Edition de « La Liberté d'Opinion », 1915.

18. *L'Intimité Française et la Censure.* Plaidoirie, suivie d'une étude sur le moyen de combattre les illégalités de la Censure. Paris, 1915.

19. *L'Affaire Geissler. La Vraie Haine. Plaidoirie.* Paris, 1916.

20. *Le Carnaval Austro-Allemand.* Plaidoirie contre la maison Drecoll, 1917.

21. *L'Ile des Chats-Fourrés*. Edition de « La Liberté d'Opinion », Paris, 1917.

22. *La Débâcle des Placements Russes*. Paris, Figuière, 1919.

23. *L'Etau*. Le Livre d'Or des Politiciens de Finance. Paris, 1920.

24. *Comment éclatera la Banqueroute ? Par les Banques ou par l'Etat ?* Conférence donnée le 5 février 1921 au *Club*. Paris, 1921.

25. *L'Ascension du Traitant*. Du Surintendant Nicolas Fouquet à l'Ambassadeur Charles Laurent. Paris, 1921.

26. *L'Activité Française et Etrangère*. Revue bi-mensuelle (le numéro 1 fr. ; un an, 20 fr.), 12, rue de Condé, Paris (6ᵉ). Tél Fleurus 09-86.